Inhalt

W0067147

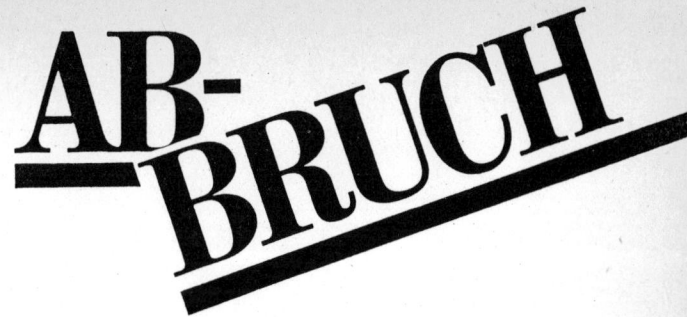

AB-BRUCH

Schwangerschaftsabbruch –
nicht nur das Baby
stirbt dabei

Lothar Gassmann
Ute Griesemann

hänssler

Neuhausen-Stuttgart

CIP-Kurztitelaufnahme der Deutschen Bibliothek

Gassmann, Lothar:
Abbruch: Schwangerschaftsabbruch – nicht nur d. Baby
stirbt dabei / Lothar Gassmann; Ute Griesemann. –
Neuhausen-Stuttgart: Hänssler, 1986.
   (Edition C: T, Taschenbücher; 149)
   ISBN 3-7751-1093-3
NE: Griesemann, Ute:; Edition C / T

EDITION C-Bücher
EDITION C-Taschenbuch, T 149
© Copyright 1986 by Hänssler-Verlag, Neuhausen-Stuttgart
Umschlagbilder aus der Ethos-Sondernummer über Abtreibung,
Rosenberg, Berneck
Umschlaggestaltung: Heide Schnorr v. Carolsfeld
Gesamtherstellung: Ebner Ulm

Liebe Leserin,

das ist ein Buch *für Sie persönlich*. Vielleicht befinden Sie sich in einer Notlage. Vielleicht stehen Sie unter Zeitdruck. Dann brauchen Sie rasche, wirkliche Hilfe. Wir – eine Ärztin und ein Theologe – möchten Ihnen Hilfen und Informationen in die Hand geben, damit Sie zu einer verantwortlichen Entscheidung finden. Zu einer Entscheidung, die Sie auch noch nach Jahren bejahen können.

Dieses Buch geht auch *Ihren Partner* an. Ihr Partner darf Sie in dieser schwierigen Lage nicht im Stich lassen. Fragen Sie ihn doch, ob er bereit ist, das Buch gemeinsam mit Ihnen zu lesen.

Schließlich geht das, was hier geschrieben steht, *Ihre Eltern, Ihre Bekannten* und alle an, mit denen Sie zusammenkommen. Alle sollten darüber informiert sein, wie es Ihnen geht und mit welchen Problemen Sie zu kämpfen haben. Viele haben außerdem direkt oder indirekt an Ihrer Entscheidung teil. Lassen Sie sich von niemandem zu einem überstürzten Schritt verleiten, sondern prüfen Sie alles gründlich und gewissenhaft.

Was Sie in diesem Buch lesen, stützt sich auf zweierlei: zum einen auf medizinische Sachinformationen und Ergebnisse; ; zum anderen auf die Tatsache, daß unser Leben nicht irgendwo im luftleeren Raum und auch nicht nur in der »Gesellschaft« abläuft, sondern es immer auch mit Gott zu tun hat – mit dem Gott der Bibel, der uns geschaffen hat, der uns liebt und der uns durch Jesus Christus anbietet, ein neues und sinnvolles Leben zu bekommen.[1]

Sie sind schwanger?

An sich ist das ja ein freudiges Ereignis. Viele Frauen erleben durch Schwangerschaft und Geburt Glück und Erfüllung: »Ein neuer Mensch erblickt das Licht der Welt. Und ich durfte dazu beitragen, daß er lebt!«

Manchmal ist eine Schwangerschaft aber alles andere als erfreulich: Das Kind kommt zu einem Zeitpunkt, wo man es nicht erwartet. Der Partner hat die Frau sitzenlassen. Die Eltern wollen nicht, daß ihre unverheiratete Tochter ein uneheliches Kind bekommt. Das Gerede der Nachbarn ist unerträglich. Die Frau fühlt sich zu jung und zu unreif, um ein Kind zu erziehen. Sie will erst ihre Ausbildung abschließen. Die Frau hat Angst davor, daß das Kind geschädigt und mißgebildet sein könnte oder daß sie selber durch die Schwangerschaft Schäden davonträgt. Sie hat kein Geld. Sie erträgt diese seelische Belastung nicht.

Diese und ähnliche Gründe sind es, die den Gedanken nahelegen können: »Soll ich abtreiben lassen?«

Ein unverheiratetes junges Mädchen, das ungewollt schwanger geworden war, berichtete über seine schlimmen Erfahrungen:

»Also, meine Eltern haben gestern abend ein furchtbares Theater gemacht. Mein Vater war wütend über seine mißratene Tochter. Er schrie mich an, daß er sich das Gerede bei seinem Posten nicht leisten könne. Meine Mutter war entsetzt über meine Schlechtigkeit. Sie jammerte: ›Wie konntest du uns das antun?‹ Sie könne diese

Schande nicht ertragen, sagte sie, und ich müsse mir das Kind unbedingt nehmen lassen, bevor es noch jemand erfahre. Beide redeten auf mich ein, ich sollte mir doch mein Leben nicht ruinieren, ich sollte doch an meine Zukunft denken. Das höre ich nun schon seit Tagen. Es macht mich ganz fertig. Immer wieder sagen sie, ich könne mir doch nicht alles verpatzen, ich müsse mir das Kind unbedingt nehmen lassen. Sonst würden sie mich hinauswerfen und ich dürfte mich nicht mehr bei ihnen blicken lassen (. . .)

Ich bin nur ganz furchtbar enttäuscht, wenn ich an ihn (meinen Freund) denke! – Ja, es stimmt, wir haben vom Heiraten gesprochen. Bald nach dem Abitur, hat er gesagt. Aber nun sehe ich, daß das ein leeres Versprechen war. Als er hörte, daß ich schwanger bin, sagte er: ›Ich will das Kind nicht, du mußt es loswerden!‹ Das hat mich schockiert. Ich wußte gar nicht, was ich sagen sollte. Dann fuhr er mich noch an: ›Ich werde dich nie heiraten! Und für ein Kind, das ich nicht will, zahle ich auch nichts! Du mußt es ja nicht bekommen! Ich werde auch bestreiten, daß ich der Vater bin!‹«[2]

Sicher gibt es noch viel mehr Erfahrungen und Beispiele. Und vielleicht sieht Ihre Situation, liebe Leserin, ganz anders aus. Aber am Bericht dieses Mädchens werden zwei Hauptgründe deutlich, die häufig den Entschluß entstehen lassen, abzutreiben. Zum einen: Viele Menschen sind *nicht bereit, dem anderen zu helfen*. Zum anderen: Viele Menschen haben eine *lebensfeindliche Einstellung*, die sich zum Beispiel als Kinderfeindlichkeit und Frauenfeindlichkeit (besonders gegen unehelich schwangere Mütter) auswirkt.

Welche Folge hat dies? Die Folge, daß die Frau –

mitsamt ihrem Kind – *allein gelassen* wird. Und so ergibt sich etwas Seltsames und Erschütterndes: Bevor eine Mutter ihr Kind abtreiben läßt, wurde sie in der Regel selber von den Menschen in ihrer Umgebung »abgetrieben«, also abgelehnt, isoliert und im Stich gelassen. Nun ist sie ganz auf sich allein gestellt. In dieser Lage fällt es der Frau außerordentlich schwer, sich und ihr Kind anzunehmen. Durch die Ablehnung, die sie erfährt, beginnt sie manchmal sogar, sich und besonders ihr Kind zu hassen, weil sie ihm die Schuld an ihrer Lage zuschreibt. Außerdem leidet sie womöglich unter Übelkeit, Erbrechen, Nervosität und Depressionen – alles Erscheinungen, die oft zu Beginn einer Schwangerschaft auftreten, die aber zu diesem Zeitpunkt durchaus normal sind. Dann ist der Weg bis zu einer Abtreibung unter Umständen nicht mehr weit.

Vielleicht haben *Sie*, liebe Leserin, Menschen, mit denen Sie reden können und die sich um Sie kümmern. Erzählen Sie ihnen Ihre Sorgen und Ihre Unsicherheit wegen Ihrer Schwangerschaft. Wenn Sie aber keinen solchen Menschen in Ihrer näheren Umgebung kennen und wenn Sie bereits mit dem Gedanken einer Abtreibung spielen, dann müssen Sie nicht verzweifeln. Dann gibt es für Sie eine andere Möglichkeit:

Beratungsstellen

Gehen Sie zu einer Beratungsstelle. Und gehen Sie nach Möglichkeit zusammen mit Ihrem Partner hin. Dort nimmt man sich für Sie Zeit. Dort sind Leute, die schon mit vielen Frauen gesprochen haben und die Ihre Probleme bestimmt verstehen. Und dort werden Ihnen auch Hilfen und Lösungen angeboten, von denen Sie vielleicht noch gar nichts gewußt haben. (Das alles geschieht natürlich streng vertraulich.)

Leider erfüllen nicht alle Beratungsstellen diese Anforderungen in gleichem Maße. Gehen Sie deshalb nur zu einer staatlich anerkannten Beratungsstelle und seien Sie mißtrauisch, wenn man Ihnen ohne Nennung anderer Möglichkeiten gleich einen Schein zur Abtreibung geben will. Grundsätzlich können wir Ihnen folgende Beratungsstellen empfehlen:

1. *Caritas*
2. *Diakonie/Diakonisches Werk*

Diese gibt es in fast jedem größeren Ort. Die genaue Adresse und Telefonnummer finden Sie im Telefonbuch. Oft weiß auch Ihr Gemeindepfarrer Bescheid.

In diesem Buch nun möchten wir Ihnen Informationen geben, die Sie auch bei einer guten Beratungsstelle erhalten. Dennoch kann es die persönliche Be-

ratung nicht ersetzen, da jede Notlage anders aus-
sieht. Es macht also Ihren Besuch bei einer Beratungsstelle nicht überflüssig.

Im folgenden also Informationen, die für jede schwangere Frau allgemein von Bedeutung sein können. Da sind
zunächst zu nennen:

Die Hilfen

Staat, Kirchen und Privatpersonen haben eine Vielzahl von Hilfsangeboten bereitgestellt, die ganz unterschiedlicher Art sind. Ihre Beratungsstelle zeigt Ihnen konkrete Hilfen im Blick auf Ihr ganz persönliches Problem. (Jede Beratungsstelle ist sogar gesetzlich verpflichtet, Ihnen diese Hilfen mitzuteilen.) Als Beispiele seien genannt:

1. *Persönliche Hilfen* zur Lösung von Partnerkonflikten und Lebenskrisen (z. B. Gespräch des Beraters oder der Beraterin mit dem Partner, den Eltern usw.).

2. *Finanzielle Hilfen* aus öffentlichen Mitteln (in der Bundesrepublik z. B. gemäß dem Bundessozialhilfegesetz und dem Jugendwohlfahrtsgesetz; Muttergeld, Mutterschaftsurlaub und Kindergeld); weitere Hilfen aus kirchlichen und privaten Geldern und Stiftungen.

3. *Wohnungsvermittlung und Arbeitsplatzbeschaffung*

4. Vermittlung des Kindes in eine *Pflegefamilie* oder zu *Adoptiveltern* (es werden ca. 20mal mehr Kinder von Adoptiveltern gesucht, als da sind).

5. *Säuglingspflegekurse, Gymnastik, Hilfen zur Ausstattung*.

6. *Kontaktvermittlung zu anderen alleinerziehenden Müttern.*

7. Vermittlung in ein *Mutter-und-Kind-Haus*.

Sie sehen also, daß Abtreibung bei weitem nicht die einzige »Lösung« ist. Zwei Hilfen möchten wir Ihnen noch näher vorstellen: die Mutter-und-Kind-Häuser und die Adoption.

Die *Mutter-und-Kind-Häuser* bieten der Frau in der Zeit von Schwangerschaft und Geburt einen Schutz. Sie kann dort die Liebe und Zuwendung erfahren, die ihr in einer unfreundlichen Umgebung und Nachbarschaft daheim vielleicht fehlt. Sie kann ihr Kind in Ruhe austragen. Wenn sie will, kann sie es selbst versorgen und außerdem in vielen Fällen ihre Berufsausbildung fortsetzen oder abschließen.

Am Ende dieses Buches haben wir Ihnen alle Adressen und Telefonnummern der bundesdeutschen Mutter-und-Kind-Häuser – nach Postleitzahlen geordnet – aufgeführt, die uns bekannt sind. Sie können sich direkt dorthin wenden. Nähere Informationen bekommen Sie bei »Caritas« und »Diakonie« (dort auch die Adressen der Mutter-und-Kind-Häuser in Österreich, der Schweiz und anderen Ländern).

Die *Adoption* ist eine Möglichkeit für die schwangere Frau, die ihr Kind nicht behalten kann, die es aber auch nicht abtreiben lassen möchte. Gewiß kann es eine Frau sehr belasten, ein Kind neun Monate lang auszutragen und dann wegzugeben. Eine Abtreibung kann aber auf Dauer für die Frau noch viel belastender sein (auf die körperlichen und seelischen Folgeschäden, die durch eine Abtreibung entstehen können, werden wir noch zu sprechen kommen).

Vor allem aber wird durch eine Adoption das Leben des Kindes gerettet. Eine Freigabe zur Adoption *be*lastet in dieser Hinsicht nicht, sondern *ent*lastet: Sie entlastet das Gewissen der Frau. Denn durch das zeitweilige Opfer, das sie mit dem Austragen des Kindes bringt, ermöglicht sie einem Menschen das Leben.

Nähere Informationen, wie eine Adoption abläuft, gibt Ihnen ebenfalls Ihre Beratungsstelle.

Wenn Ihnen aber nach wie vor eine Abtreibung als der alleinige Ausweg erscheint, dann sind gerade die folgenden Seiten für Sie wichtig.

Bei einer Abtreibung sind mindestens drei Menschen beteiligt

Diese Feststellung überrascht. Drei? Ist es nicht allein die Frau, die über sich selbst bestimmt? Nein, auch der Arzt ist beteiligt. Ohne ihn könnte die Abtreibung gar nicht vorgenommen werden. Aber wer ist der Dritte?

Liebe Leserin, haben Sie darüber schon einmal nachgedacht: *Wer ist der Dritte?* Wir meinen damit nicht den Partner, der für die Entstehung des Kindes mitverantwortlich ist und der oft genug zur Abtreibung drängt (ihm kommt freilich eine wesentliche Bedeutung zu). Wir meinen auch nicht Eltern, Bekannte, Freunde usw., die unter Umständen die Frau zu einer Abtreibung veranlassen. Sie alle sind nicht die *Haupt*beteiligten bei der Abtreibung selber (manchmal allerdings sind sie die Hauptverantwortlichen). Wir meinen – *das Kind.*

Warum wird das Kind so oft übersehen? Vielleicht, weil man es nicht sieht. Weil es noch im Mutterleib verborgen ist. Weil es so klein ist. Weil es nichts sagen kann.

Aber es ist da. Es lebt. Und wir sollten es respektieren.

Ist sich die Mutter bewußt, daß sie nicht nur über sich, sondern auch über das Leben ihres Kindes bestimmt?

Vielleicht fragen Sie nun: »Ist denn das, was da im Mutterleib heranwächst, überhaupt schon ein Kind? Ist es ein Mensch?« – Die Antwort lautet: »Ja.«

Mensch von der Zeugung an

Genau in dem Moment, wo bei der Zeugung weibliche Eizelle und männliche Samenzelle miteinander verschmelzen, entsteht ein unverwechselbarer, einzigartiger Mensch. Haarfarbe und Augenfarbe, Schuhgröße und Fingerabdrücke, Begabungen und Charaktereigenschaften – alles dies zum Beispiel ist bereits in der ersten Zelle festgelegt. Der erste Tag des Lebens ist der entscheidende – der Tag der Befruchtung! Alles was da im Erbgut angelegt wurde, wird daraufhin in einem komplizierten Wachstums- und Reifungsprozeß verwirklicht. Die äußere Entwicklung schreitet fort, die Erscheinung ändert sich, aber am Menschsein selber ändert das nichts. Es ist von Anfang an da.

Prof. Dr. Erich Blechschmidt, ein führender Fachmann auf dem Gebiet der vorgeburtlichen Entwicklung des Menschen, hat die ersten neun Monate des menschlichen Lebens genau beschrieben und weist nach, daß der Mensch »von Anfang an« Mensch ist, also vom Moment der Zeugung an. Alle Versuche, den Beginn des Menschseins auf spätere Zeitpunkte zu datieren, haben sich als unhaltbar herausgestellt. Das Buch von Prof. Blechschmidt »Wie beginnt das menschliche Leben« ist in diesem Zusammenhang sehr zu empfehlen (siehe unter »Buchempfehlungen«).

Im folgenden »*Tagebuch eines Ungeborenen*« können Sie in romanhaft erzählender, anschaulicher Form die Reifung eines Kindes von Anfang an miterleben. Die

Darstellung beruht ausschließlich auf wissenschaftlich gesicherten Erkenntnissen.

1. Tag: Heute hat mein Leben begonnen. Doch meine Eltern wissen es noch nicht. Ich bin noch kleiner als ein Apfelkern, aber schon unverwechselbar *ich*. Es ist jetzt klar: Ich werde ein Mädchen sein mit blonden Haaren.

12. Tag: Ein bißchen größer bin ich schon geworden. Mutter tut alles für mich. Ihr Blut läßt mich wachsen. Dabei weiß sie immer noch nicht, daß es mich gibt.

19. Tag: Jetzt beginnt mein Mund zu werden. In einem Jahr kann ich damit fröhlich lachen. Und ein wenig später auch sprechen. Ich weiß sogar schon, welches mein allererstes Wort sein wird: *Mama.* – Wer behauptet eigentlich, daß ich noch kein Mensch bin? Und ob ich's bin. Genauso wie ein Krümelchen Brot auch Brot ist.

23. Tag: Mein Gehirn und mein Nervensystem bilden sich. Heute hat mein Herz angefangen zu schlagen. Von nun an wird es in gleichmäßigem Takt mein Leben lang klopfen. Bis es einmal müde wird und stehenbleibt. Dann bin ich tot. Aber dieses Ende ist noch so weit, ich stehe ja erst am Anfang.

29. Tag: Jetzt lebe ich schon einen Monat. Jeden Tag wachse ich ein bißchen. Meine Arme und Bei-

ne bekommen allmählich Form. Aber es wird
noch lange dauern, bis ich zu Mama und Papa
laufen und meine Arme um ihren Hals legen
kann.

39. *Tag:* An meinen Händen bilden sich winzige Finger.
Eines Tages werden sie eine Puppe halten,
einen Ball werfen, eine Blume pflücken und die
Hand des Mannes streicheln, den ich liebe.

47. *Tag:* Heute hat der Doktor meiner Mutter gesagt,
daß es mich gibt. Bist du glücklich darüber,
Mama? Du mußt noch warten, bis du mich in
deinen Armen wiegen kannst.

64. *Tag:* Zwei Monate bin ich jetzt alt. Ich habe schon
ein richtiges Gesicht. Hoffentlich sehe ich einmal so aus wie meine Mutter.

70. *Tag:* Wenn es nicht so stockdunkel um mich herum
wäre, könnte ich schon sehen. Aber bald werden meine Augen die Welt draußen wahrneh-
men können: Sonnenschein, Blumen und kleine Kinder. Wie wird das Meer aussehen, wie
die Berge? Und vor allem: Mama, wie siehst du
aus?

80. *Tag:* Mama, ich kann dein Herz schlagen hören.
Nimmst du auch mein leises Tap-tap, Tap-tap
wahr? Du wirst eine ganz gesunde kleine Tochter haben. Manche Babys haben es schwer, in
die Welt hineinzukommen. Da können freund-
liche Ärzte helfen. Aber manche Mütter, glaube ich, wollen ihre Kinder gar nicht haben. –

Ich jedenfalls kann es kaum erwarten, auf deinen Armen getragen zu werden, dein Gesicht anzufassen und dich anzusehen. Ob du auch so gespannt auf mich wartest wie ich auf dich?

Hier bricht das Tagebuch ab. Dann heißt es nur noch: »Mama, warum hast du das getan? Warum hast du es zugelassen, daß sie mein Leben nahmen? Wir hätten es doch so schön zusammen haben können.«

Die Mutter hat eine Abtreibung vornehmen lassen.

Nun kommt ein unangenehmer Teil. Aber die Augen davor zu verschließen, wäre nicht richtig.

Sie sollten wissen, wie eine Abtreibung vor sich geht

Wir beschreiben im folgenden nur die beiden Methoden, die in Europa innerhalb der Drei-Monats-Frist in Kliniken am häufigsten angewandt werden.

Curettage: Der Arzt dehnt mit Hilfe von Instrumenten den Muttermund, der fest verschlossen ist. Das ist sehr schmerzhaft, deshalb wird die Frau betäubt. Bei der Dehnung kann es zu Einrissen kommen, besonders bei jungen Mädchen. Dann wird ein scharfes, gebogenes Messer (Curette) durch die Scheide an die Gebärmutter herangeführt. Der Körper des Kindes wird in Stücke zerschnitten. Damit keine Körperteile zurückbleiben, muß der Chirurg die Gebärmutter ausschaben, wobei Verletzungen und heftige Blutungen auftreten können. Falls er einen Körperteil vergißt, entstehen Infektionen und Entzündungen. Deshalb muß die assistierende Krankenschwester die herausgeholten Körperteile des Kindes zusammensetzen, um sicherzustellen, daß die Gebärmutter leer ist.

Absaugen: Auch hier wird der Muttermund gewaltsam gedehnt. Dann wird ein Saugrohr eingeführt. Durch einen Sog, der etwa zehnmal stärker ist als der eines Staubsaugers, wird das Kind mitsamt Plazenta (Mutterkuchen) in Stücke zerrissen und als »Gewebebrei« abgesaugt. Oft kann man in diesem blutroten »Brei« noch winzige Ärmchen und Beinchen erkennen. Oft ist auch eine »Nachbehandlung« nötig, wobei mit einer Curette die zurückgebliebenen Körperteile ausgeschabt werden müssen. Die Unsicherheit, ob Körperteile in der Gebärmutter zurückgeblieben sind, ist hier infolge der schlechten Erkennbarkeit der herausgeholten Teile größer als bei der Curettage und die Infektionsgefahr somit höher. Auch bleiben umliegende Organe und Gewebeteile der Mutter von der Saugwirkung nicht immer verschont.

Nun müssen wir noch genauer fragen:

Welche Schäden können Ihnen durch eine Abtreibung entstehen?

Wir meinen hier die gesundheitlichen Schäden, und zwar auf körperlichem und auf seelischem Gebiet. Sie sollten darüber Bescheid wissen. Fragen wir zunächst nach den *körperlichen Schäden*. Vor allem folgende sind bekannt und kommen – auch bei Eingriffen, die fachgerecht und mit besten ärztlichen Mitteln durchgeführt werden – immer wieder vor:

Während des Eingriffs

1. *Durchstoßung der Gebärmutter.* Folgen: starke Blutung, innere Blutung, Bauchfellentzündung. Manchmal ist die sofortige Entfernung der Gebärmutter notwendig.

2. *Schäden durch die Betäubung*, so z. B. allergische Schockreaktion, Gefahr von Atem- oder Herzstillstand (diese Schäden sind bei jedem Eingriff, der unter Betäubung vorgenommen wird, möglich).

Unmittelbar nach dem Eingriff

3. *Entzündung der Gebärmutter und der Eileiter;* manchmal lebensgefährliche Bauchfellentzündung durch Verschleppung von Krankheitserregern.

4. Verschleppung von Blutgerinnseln kann zu einer Embolie (Blutgefäßverschluß) führen.

Spätschäden

5. *Dauernde Unfruchtbarkeit* durch Entzündung und Verschluß beider Eileiter.

6. *Eileiterschwangerschaften, Früh- und Fehlgeburten*: Durch Entzündungen, Einrisse usw. kommt es zu Veränderungen an der Gebärmutter und am Gebärmutterhals; nachfolgende Schwangerschaften halten nicht mehr; das Risiko für eine Eileiterschwangerschaft steigt um etwa das Achtfache, das Risiko für eine Früh- oder Fehlgeburt um etwa das Dreifache, wenn irgendwann eine Abtreibung vorausgegangen ist.[3]

7. *Mangelnder Reifegrad bei späteren Kindern* kann eine Folge narbiger Veränderungen an der Gebärmutter sein.

8. *Mißbildungen bei späteren Kindern* sind eine weitere mögliche Folge, weil das Kind durch das narbige Gewebe nicht mehr genügend versorgt werden kann.

Wie häufig treten körperliche Schäden nach einer Abtreibung auf? Statistiken sprechen von 10 bis 40 Prozent Häufigkeit bei legal in der Klinik vorgenommenen Eingriffen.[4] Die Zahl schwankt je nach Land, Klinik und Arzt. Am häufigsten sind Spätschäden, die zum Teil in den Statistiken fehlen, weil sie oft erst nach Jahren erkannt werden. Obwohl also die Zahlen unsicher sind, muß man damit rechnen, daß immer wieder – selbst bei besten ärztlichen Fähigkeiten – Schäden eintreten können. Für die betroffene Frau sind diese Schäden mitunter sehr schlimm.

Wie sieht es mit *seelischen Schäden* aus? Diese sind sehr unterschiedlicher Art. Nach unseren Erfahrungen kommen sie häufig vor. Eine feste Zahl läßt sich aber nicht nennen. Als Beispiel nur soviel: Bei einem 24-Stunden-Krisentelefon in Milwaukee/USA riefen innerhalb von zwei Jahren 70 Frauen an, die eine Abtreibung hinter sich hatten. Von diesen sahen 58 einen direkten Zusammenhang zwischen der Abtreibung und ihren seelischen Problemen.

Nachfolgend geben wir die Äußerungen und Reaktionen dieser Frauen im einzelnen wieder.[5] Die genannten Probleme und Leiden stehen stellvertretend für die Nöte vieler anderer Frauen nach einer Abtreibung.

1. *Schuld:* Schuldbewußtsein wegen der Abtreibung war die häufigste Reaktion, nämlich bei 22 Frauen. Sie hatten festgestellt, daß sie »ein Baby getötet hatten«, »etwas sehr Schlechtes getan hatten«, »nicht taten, was eine gute Mutter getan hätte«. Eine Frau hatte »Komplexe und Schuldgefühle« wegen einer Abtreibung, die 25 Jahre zurücklag. Die Frauen, die Gott erwähnten, äußerten zwei Vorstellungen. Einige glaubten, daß ihnen Gott vergeben hätte, aber sie könnten sich selber nicht vergeben. Andere dachten, daß Gott sie bestraft hätte durch die seelische Verletzung, die sie erfuhren, oder durch eine nachfolgende Fehlgeburt. Eine Frau wollte sofort nach der Abtrei-

bung schwanger werden, aber sie sagte: »Ich sollte nie mehr ein Kind haben, weil ich diese Abtreibung nicht rückgängig machen kann.«

2. *Angst:* Sechzehn Frauen gaben einem Gefühl der Angst in der Zeit nach der Abtreibung Ausdruck. Mindestens zwei meinten, sie würden »verrückt werden«. Eine andere wollte sich in ein Auto setzen, »fahren und fahren, aussteigen und ein neues Leben beginnen«.

3. *Depression:* Fünfzehn Frauen beschrieben ihren gefühlsmäßigen Zustand als »Depression« mit den dazugehörigen Symptomen. Einige fühlten sich völlig unbeweglich: »Ich kann überhaupt nichts mehr tun.« »Ich kann mich seit der Abtreibung für niemanden und nichts mehr interessieren.« Drei Frauen berichteten, sie würden Arbeitstage versäumen wegen ihrer seelischen Situation. Eine Frau verglich ihre gegenwärtige Lage mit der Depression nach dem Tod ihres Ehemannes. »Das ist noch schlimmer und hört überhaupt nicht auf.«

4. *Gefühl des Verlustes:* Elf Frauen quälte der Verlust ihres Babys. »Das ist die Familie, die ich gehabt hätte«, sagte eine Frau. Frauen, die diesen Verlust empfinden, beschreiben eine ganze Anzahl von Reaktionen: Sie können keine Babys, kleinen Kinder oder schwangeren Frauen anschauen; sie sind eifersüchtig auf Mütter. Einige sagten, sie wollten wieder schwanger werden und das verlorene Kind ersetzen; eine wollte Adoptivkinder annehmen.

5. *Zorn:* Elf Frauen äußerten ihren Zorn gegen verschiedene beteiligte Personen: gegen Abtreibungsklinik-Berater, »die nicht die andere Seite der Münze verrieten«, die die Frau nicht vor möglichen emotionalen Problemen warnten oder ihr nicht rieten: »Warte und denke nach!«; gegen Freunde und Ehegatten, weil sie sie nicht unterstützten, als sie Hilfe brauchten. Zum Beispiel war eine Frau über ihren Ehemann zutiefst verärgert, weil er sie »aus finanziellen Gründen« zur Abtreibung zwang.

6. *Veränderung in der Beziehung zum Freund:* Elf Frauen berichteten von einer Veränderung in ihrer Beziehung zu ihren Freunden, alle, außer einer, zum Schlechteren hin. Fünf von diesen Frauen waren innerlich zerrissen und verwirrt, daß ihre Freunde sie nach ihrer Abtreibung im Stich gelassen hatten. Eine Frau und ein Mann – die Anruferin beschrieb ihre Beziehung als »langdauernd und stabil« – beschlossen die Abtreibung gemeinsam. Sie bat ihn, sie vom Krankenhaus abzuholen, und er sagte »nein«. Seit der Abtreibung hat sie ihn in drei Wochen nur einmal gesehen. Eine andere Frau sagte, daß ihr Freund ihr Geld für die Abtreibung gab. »Seither habe ich ihn nicht mehr zu Gesicht bekommen.« Vier Frauen empfanden, daß ihre Freunde von ihrer innerlichen Zerrissenheit, die nach der Abtreibung bei ihnen eintrat, nicht berührt waren. Ein Fall wurde berichtet, in dem der Freund ärgerlich wurde, als er von der Abtreibung erfuhr, und sich weigerte, mit der Frau zu sprechen.

7. *Schreien:* Elf Frauen schrien entweder beim Telefon-

gespräch oder berichteten, daß sie seit der Abtreibung nicht mehr aufhörten zu schreien. Einige sagten: »Ich schrie jede Nacht, jeden Tag, zwei Tage lang vor dem Anruf«, oder: »Ich schreie die ganze Zeit.«

8. *Gefühl, durch Falsch- oder Mangelinformation fehlgeleitet worden zu sein:* Zehn Frauen fühlten sich fehlgeleitet von Personen, die sie wegen der Abtreibung um Hilfe angegangen waren. Fünf von ihnen empfanden, daß sie falsch informiert worden waren. Ihnen wurde erzählt, was sie da in sich trügen, sei »wie ein Fisch«, »wie eine Eichel«, »nur Zellgewebe«. Als eine Frau der Klinik ihre Sorge nannte, daß Abtreibung Tötung sein könnte, sagte ihr der Berater: »Das dürfen Sie sich nicht so vorstellen. Stellen Sie es sich einfach so vor, als ob man Blut aus Ihrer Gebärmutter nähme und Ihre Periode begänne.« Als eine andere nach der Abtreibung bei der Klinik anrief und über ihre seelische Belastung klagte, erzählte man ihr, daß »nur zwei Prozent der Frauen« so empfänden. – Fünf Frauen waren bestürzt darüber, daß man ihnen zu wenig Information gegeben hatte; sie hätten nur nachgegeben, weil man sie nicht über die Gefahr von Fehlgeburten, möglicher Unfruchtbarkeit und seelischer Belastungen informiert hätte. Zusätzlich ärgerten sich zwei von ihnen darüber, daß ihnen keine Alternativen zur Abtreibung aufgezeigt worden waren.

9. *Vermindertes Selbstvertrauen:* Sieben Frauen stellten fest, daß ihre Sicht von sich selbst seit der Abtreibung schlechter geworden sei. Sie empfanden sich jetzt als

»einen schlechten Menschen«, als »unwert, geliebt zu werden oder noch Kinder zu bekommen«, als »gewalttätig« usw. Eine Frau war besonders aufgebracht, weil sie sich immer als eine Art Pazifistin gesehen hatte, die gegen jede Art von Gewalt vorging und bereit war, für das Leben jedes Hundebabys zu kämpfen. Eine andere empfand, die Abtreibung hätte sie »kastriert«; sie fühle sich jetzt asexuell und »wie eine Amputierte«.

Mindestens zwei Frauen sagten, sie seien enttäuscht über sich selbst und betrachteten die Abtreibung als Verstoß gegen ihre früheren Wertvorstellungen. Eine Anruferin sah ihr Problem darin, ihre frühere Einstellung für das Leben und ihre Abtreibung miteinander auszusöhnen. »Nach einer Abtreibung«, sagte eine andere, »sind Sie nie mehr dieselbe.«

10. *Reue/Gewissensbisse:* Sieben Frauen äußerten Reue über die Abtreibung. »Es tut mir so leid, daß ich es tat«, sagte eine Frau. Die Endgültigkeit der Abtreibung regte einige auf: »Ich kann mein Baby nie zurückbekommen.« – »Ich kann es nie ungeschehen machen.« Selbstbeschuldigungen und die Feststellung »Aber ich hatte keine Wahl« folgten einige Male solchen Kommentaren.

11. *Angst vor möglicher Unfruchtbarkeit:* Sieben Frauen befürchteten, vielleicht nie wieder ein Kind bekommen zu können. (In einigen Fällen waren tatsächlich entsprechende körperliche Symptome vorhanden, in anderen nicht.) Eine Frau hatte Angst, sie würde unfruchtbar, weil sie drei Monate nach der Abtreibung Blutungen bekam. Bei zwei anderen hatte eine

frühere Abtreibung eine Fehlgeburt verursacht. Eine Frau führte zwei Eileiterschwangerschaften auf ihre Abtreibung zurück.

12. *Alpträume:* Sieben Frauen sagten, sie hätten Alpträume seit ihrer Abtreibung.

13. *Gefühl der Einsamkeit und Fremdheit:* Sechs Frauen fühlten sich durch ihre Reaktionen gebunden und getrennt von ihrer Umgebung. Einige empfanden, sie hätten niemand, dem sie vertrauen könnten.

14. *Eheprobleme:* Sechs Frauen beschrieben Probleme oder Veränderungen in ihren Ehen nach der Abtreibung. Ein Mann machte seiner Frau Vorwürfe, weil sie wegen einer Abtreibung, die sieben Jahre zurücklag, kein Kind empfangen konnte. Einige berichteten, daß ihre Ehemänner zu wenig Betroffenheit wegen ihrer seelischen Nöte zeigten. Sexuelle Dimensionen spielten in drei Fällen mit. Eine Frau zum Beispiel wollte seit ihrer Abtreibung keinen Geschlechtsverkehr mehr haben und wurde von ihrem Mann »praktisch vergewaltigt«.

15. *Beunruhigung über körperliche Befunde:* Fünf Frauen riefen an wegen körperlicher Befunde. Zum Beispiel war eine beunruhigt über Blutungen und Blutgerinnsel nach ihrer Abtreibung, eine andere über unnormale Ergebnisse bei einem Test; eine dritte, die jetzt erneut schwanger war, war unsicher, ob sie den Arzt über ihre Abtreibung informieren sollte.

16. *Überraschtsein über die emotionale Reaktion:* Vier

Frauen waren überrascht und erschrocken über die Intensität und Dauer ihrer Reaktionen (obwohl sich eine unmittelbar nach der Abtreibungsprozedur zunächst erleichtert gefühlt hatte). Sie fragten: »Haben andere die gleichen Probleme?« – »Ist meine emotionale Angst normal?« – »Warum sagte mir niemand, daß ich durchdrehen würde?« Keine Frau von den 58 berichtete, daß sie über die seelischen Folgen der Abtreibung informiert worden wäre!

17. *Schlaflosigkeit:* Darunter litten vier Frauen seit der Abtreibung.

18. *Phantomkind:* Das »Phantomkind«-Phänomen tritt auf, wenn sich eine Person vorstellt, ihr abgetriebenes Kind sei jetzt so alt wie..., wenn es nicht abgetrieben worden wäre. Drei Frauen schilderten diese Reaktion. Eine berichtete von beunruhigenden, wiederholten Träumen von einem kleinen Jungen, der in dem Alter war, in dem ihr Kind jetzt gewesen wäre. Die zweite erzählte, sie sähe »ihr Baby«, wann immer sie Kinder in dem Alter sehe, in dem es jetzt sein würde, und die dritte beschrieb in jeder Einzelheit Alter und Erscheinung ihrer Tochter.

19. *Quälende Erinnerungen*: Zwei Frauen berichteten, sie hätten quälende Erinnerungen an den Abtreibungsvorgang. Bei einer lag die Abtreibung sechs Jahre zurück.

20. *Psychotische Reaktionen:* Die Vorstellungen von zwei Frauen stimmten nicht mit der Wirklichkeit

überein. Drei Jahre danach meinte eine Frau noch, ihr abgetriebenes Kind sei am Leben, und die andere hatte das Gefühl: »Jeder Mensch ist der Teufel.«

21. *Hoffnungslosigkeit:* Zwei Frauen gaben ihrem Empfinden Ausdruck, sie könnten keinen Ausweg aus ihren Depressionen sehen.

22. *Hilflosigkeit:* Eine Frau fühlte sich erdrückt und unfähig, mit ihren emotionalen Problemen fertig zu werden. Dieselbe Frau äußerte Gefühle der Hoffnungslosigkeit.

23. *Machtlosigkeit:* Eine Frau war auf ihren Arzt wütend. Sie fühlte sich als »Opfer«.

24. *Veränderung bei der Freundin:* Bei einer Frau zog nach der Abtreibung ihre Zimmerkollegin aus. »Sie schleuderte mir den Vorwurf der Abtreibung ins Gesicht.«

Soweit die Reaktionen dieser betroffenen Frauen.

Bevor Sie eine Abtreibung erwägen...

...sollten Sie sich unbedingt die folgenden Fragen stellen. Nur so können Sie überstürzte Schritte vermeiden. Eine Abtreibung ist ein endgültiger Vorgang, der sich nie mehr ungeschehen machen läßt. Deshalb empfehlen wir Ihnen: Lesen Sie sich die Fragen langsam durch und machen Sie nach jeder Frage eine Pause, in der Sie in Ruhe über Ihre Antwort nachdenken. Gut ist es, wenn Sie die Fragen zusammen mit Ihrer Beraterin/ Ihrem Berater oder auch mit Ihrem Partner, Ihren Eltern oder anderen nahestehenden Menschen durchgehen.

Frage 1: Habe ich mir überlegt, welche körperlichen und seelischen Folgen eine Abtreibung für mich haben kann?

Frage 2: Habe ich alle Hilfsangebote in Betracht gezogen? Sehe ich wirklich keine andere Möglichkeit als die Abtreibung?

Frage 3: Bin ich mir bewußt, daß eine vielleicht vorhandene Übelkeit, Nervosität oder Depression zu Beginn der Schwangerschaft nichts Unnormales ist und daß diese in der Regel nach einigen Wochen verschwindet?

Frage 4: Weiß ich, daß durch eine Abtreibung das Risiko für Unfruchtbarkeit, Früh- und Fehlgeburten beträchtlich zunimmt und daß ich später vielleicht nie mehr Kinder bekommen kann?

Frage 5: Weiß ich, daß ich eine Entscheidung über Leben und Tod eines Menschen – und zwar meines Kindes – treffe?

Frage 6: Habe ich mich wirklich ernsthaft gefragt, ob ich das Kind nicht bekommen *kann* – oder ob ich es nicht bekommen *will*?

Frage 7: Hat mir das Gebot »Du sollst nicht töten« noch etwas zu sagen?

Lesen Sie bitte erst weiter, wenn Sie sich über die Antworten klargeworden sind. – – –

Im folgenden möchten wir auf einige konkrete Problemfelder noch näher eingehen.

Geldsorgen und persönliche Probleme?

Geldsorgen und persönliche Probleme treten meistens zusammen auf. Zum Beispiel, wenn der Partner die Frau sitzenläßt und sie nun – ohne Geld und mit Kind – allein dasteht. Oder wenn die Eltern ihre unehelich schwangere Tochter aus dem Haus werfen. Oder wenn eine Schwangerschaft Pläne durcheinanderbringt, beispielsweise Ausbildungs- und Aufstiegspläne oder auch eine Urlaubs- oder Eigenheimplanung.

Es ließen sich noch viele Beispiele nennen. Grundsätzlich darf man sagen, daß Beratungsstellen in solchen Notlagen gut helfen können. Wir weisen nochmals auf die vielfältigen Möglichkeiten hin, die wir im Abschnitt »Die Hilfen« genannt haben. Eine gründliche Prüfung aller Möglichkeiten, die in Ihrer Lage, liebe Leserin, in Frage kommen, sollte selbstverständlich sein.

Aus dem Alltag von Beratungsstellen geben wir drei Beispiele wieder, wie geholfen werden konnte:[6]

1. Frau L., 23 Jahre alt und schwanger, hatte sich gegen den Widerstand der Eltern und des Freundes für ihr Kind entschieden. Ihr Elternhaus durfte sie nicht mehr betreten; der Freund hatte sich von ihr zurückgezogen. Sie mußte sich eine kleine Wohnung nehmen, die ganz auszustatten war. Einen Sozialhilfeantrag wollte sie wegen der damit verbundenen Prüfung der Unterhaltspflicht der Eltern nicht stellen. Aus den Mitteln des Diakonischen

Werkes wurden ihr 1500 DM für eine bescheidene Wohnungsausstattung gewährt.

2. Das junge Ehepaar M. bekam ungeplant und früher als erwünscht ein Kind. Schwierig wurde die Lage, als der junge Vater seine Abschlußprüfung nicht bestanden hatte und ein Semester anhängen mußte. So bekam er keine Anstellung, und das Einkommen der Mutter, die sich zur Aufgabe ihrer Berufstätigkeit entschlossen hatte, lief mit dem Ablauf der Mutterschutzfrist aus. Das zusätzliche Semester wurde nach dem Bundesausbildungsförderungsgesetz nicht mehr unterstützt, und das örtliche Sozialamt stellte sich auf den Standpunkt, nicht die Pflichten der Studentenförderung übernehmen zu müssen. Somit wären aber das ganze Studium und die Chance auf eine entsprechende Anstellung vertan gewesen. Die jungen Eltern konnten einen Teil des Lebensunterhalts durch Nebenbeschäftigung finanzieren. Aus dem Fonds des Diakonischen Werkes wurden ihnen zusätzlich für vier Monate jeweils 600 DM gewährt, damit sie über die Runden kamen und Herr M. seinen Abschluß erreichen konnte.

3. Frau D., 20 Jahre alt und schwanger, arbeitete in einer Gastwirtschaft. Zu dem Vater des Kindes bestand eine lose Verbindung, die beide nicht als Grundlage für eine Ehe ansahen. Zu ihren Eltern konnte Frau D. aus verschiedenen Gründen mit ihren Problemen nicht gehen. In der Gastwirtschaft konnte und wollte Frau D. nicht länger wohnen. In ihrer schwierigen Lage wandte sie sich an eine Beratungsstelle. Dort wurde ihr die Möglichkeit, über-

gangsweise in einem Mutter-und-Kind-Haus zu leben, aufgezeigt. Frau D. fand an ihre Mitbewohnerinnen guten Anschluß und konnte ohne Furcht der Geburt ihres Kindes entgegensehen.

Ein behindertes Kind?

Viele Menschen haben Angst davor, ein behindertes oder sonstwie geschädigtes Kind zu bekommen, zum Beispiel weil sie befürchten, daß es von seiner Umgebung nicht akzeptiert wird oder daß es eine große Belastung mit sich bringt. Muß das aber wirklich so sein?

Untersuchungen haben ergeben, daß 85 Prozent der behinderten Menschen in der Lage sind, ein selbständiges Leben zu führen. Sie stellen also langfristig kaum eine »Belastung« für ihre Angehörigen dar. 11 Prozent können halb selbständig leben. Vier Prozent allerdings sind auf dauernde Hilfe angewiesen.[7]

Ob behindert oder nicht – wir sollten nie vergessen, daß es sich um einen Menschen handelt, der genau das gleiche Lebensrecht hat wie jeder von uns. Gott hat ihn geschaffen und liebt ihn. Wenn auch manche seiner Lebensfunktionen eingeschränkt sind, so ist und bleibt er doch ein Mensch. Die Frage ist nur: Sind wir bereit, ihn als Menschen anzunehmen?

Eine Mutter weiß, daß *jedes* Kind Kraft, Zeit und Geld kostet, ein behindertes freilich mehr als ein gesundes. Bei *jedem* Kind stellt sich die Frage für die Mutter, den Vater und alle Angehörigen: Wie weit bin ich bereit, mich selbst einzuschränken, mir Zeit für das Kind zu nehmen und ihm meine Liebe zu schenken, damit es ein erfülltes Leben haben kann?

Wie glücklich oder unglücklich ein Mensch ist, hängt nämlich wesentlich davon ab, wieviel Liebe er erfährt. Ein behinderter Mensch muß nicht unglücklicher sein als ein nichtbehinderter. Untersuchungen haben gezeigt, »daß es zwischen behinderten und nichtbehinderten Menschen hinsichtlich des Ausmaßes an Befriedigung über das Leben, an Zukunftsaussichten und an Verletzbarkeit gegenüber Frustrationen keinen Unterschied gibt«.[8]

Es ist sicher hilfreich, einmal den Bericht eines Behinderten selbst zu hören. Ein Mann, der ohne linkes Bein und ohne Unterarme geboren wurde, erzählt:

»Ich weiß, daß mein Vater nach der Geburt als erstes zu meiner Mutter sagte: ›Dieser braucht unsere besondere Zuneigung! Ein behinderter Mensch braucht unsere Liebe und braucht uns, damit er das Geschöpf werden kann, zu dem ihn Gott geschaffen hat.‹ (. . .) Ich freue mich sehr, am Leben zu sein. Ich lebe ein volles, ausgefülltes Leben. Ich habe viele Freunde und vieles, was ich in meinem Leben machen möchte. Ich glaube, das Geheimnis, mit einer Behinderung leben zu können, ist, zu erkennen, wer man ist – nämlich ein Mensch, jemand, der ganz einzigartig ist – und auf die Dinge zu sehen, die man tun *kann*, trotz der Behinderung, ja vielleicht gerade wegen der Behinderung.«[9]

Manche Eltern sind nicht bereit oder nicht in der Lage, für ein behindertes Kind zu sorgen. Deshalb braucht man aber nicht abzutreiben. Eine Alternative ist die Freigabe des Kindes zur *Adoption*. Nicht wenige Ehepaare sind heute bereit, auch behinderte Kinder anzunehmen.

Abschließend sei noch erwähnt, daß man in manchen Fällen das Entstehen der Behinderung durch entsprechende Vorbeugungsmaßnahmen verhindern kann. Als solche Möglichkeiten zur Vorbeugung seien genannt:

1. Vermeiden Sie vor und vor allem während der Schwangerschaft keimschädigende Stoffe und Faktoren: bestimmte Medikamente, chemische Stoffe, radioaktive Strahlen, Umweltgifte, Rauchen, zuviel Alkohol.

2. Lassen Sie sich möglichst schon *vor* einer Schwangerschaft gegen Röteln impfen, falls Sie nicht bereits immun sind. Vermeiden Sie *während* der Schwangerschaft den Kontakt mit Personen, die Röteln haben.

3. Ernähren Sie sich vollwertig, mit möglichst naturbelassener, frischer und vitaminreicher Kost.

4. Lassen Sie sich und Ihren Partner vor oder während der Schwangerschaft auf Rhesus-Unverträglichkeit untersuchen.

Weitere Maßnahmen teilt Ihnen Ihre Beratungsstelle, Ihr Arzt oder Ihre Klinik mit.

Vergewaltigung?

Wenn eine Frau durch eine Vergewaltigung ein Kind empfängt, stellt das eine große seelische Belastung dar. Sie wollte zu diesem Zeitpunkt das Kind nicht. Und sie wollte es nicht auf diese Weise und von diesem Mann. Am größten ist vielleicht die Angst, daß das Kind wie der Täter aussehen oder kriminell werden könnte. (Die letzte Befürchtung ist allerdings unbegründet, weil Kriminalität selber nicht erblich ist. Sie wird entscheidend durch die Lebensgeschichte und Umgebung eines Menschen bedingt.)

Liebe Leserin, wenn Sie in einer solchen Lage sind, verstehen wir Ihre Verzweiflung sehr gut. Wir verstehen den vielleicht in Ihnen aufsteigenden Wunsch, das Kind so schnell wie möglich loszuwerden. Trotzdem bitten wir Sie:

Überstürzen Sie nichts. Lesen Sie die folgenden Fragen langsam und aufmerksam durch. Geben Sie sich gemeinsam mit Ihrer Beraterin/Ihrem Berater oder einem anderen Menschen, dem Sie vertrauen, die Antwort.

Frage 1: Ist Abtreibung wirklich der einzige Weg, um das Kind »loszuwerden«? Wäre nicht eine Freigabe zur Adoption besser und würde mein Gewissen weniger belasten?

Frage 2: Habe ich mir schon überlegt, daß das Kind völlig unschuldig ist? Soll es wirklich für das Verbrechen seines »Erzeugers« sterben?

Frage 3: Habe ich an die Schäden gedacht, die mir durch eine Abtreibung entstehen können? Zum Beispiel an die seelische Belastung. Oder an die Gefahr, daß ich unfruchtbar werden und nie mehr Kinder bekommen kann. (Untersuchungen haben ergeben: Je jünger eine Frau ist, desto schwerer können für sie die Folgen einer Abtreibung sein. Dagegen bringt das Austragen einer Schwangerschaft selbst für sehr junge Mädchen kein höheres Risiko mit sich als für erwachsene Frauen, vorausgesetzt, sie erhalten die notwendige medizinische Betreuung.[10])

Bitte vergegenwärtigen Sie sich auch noch einmal die Fragen im Abschnitt »Bevor Sie eine Abtreibung erwägen«.

Vielleicht hilft es Ihnen, einen Menschen zu hören, der bei einer Vergewaltigung gezeugt wurde. Eine Frau berichtet:

»Schauen Sie, ich bin das Produkt einer Vergewaltigung. Ein Einbrecher erzwang sich den Weg in das Haus meiner Eltern, fesselte meinen Vater, und unter seinen Augen vergewaltigte er meine Mutter. In dieser Nacht wurde ich empfangen. Alle empfahlen eine Abtreibung. Der Doktor vom Ort und das Spital waren damit einverstanden. Mein Vater jedoch sagte: ›Wenn es auch nicht mein Kind ist, so ist es doch ein Mensch, und ich werde nicht gestatten, daß er getötet wird.‹ – Ich weiß nicht, wie oft ich schon ruhig und sicher in den Armen meines Gatten gelegen und Gott für meinen wunderbaren christlichen Vater gedankt habe.«[11]

Gefahr für die Mutter?

Empfinden Sie Ihre Schwangerschaft als seelische Belastung? Haben Sie Angst, daß sich durch die Schwangerschaft eine Krankheit verschlimmert? Oder haben Sie sogar Angst, dadurch zu sterben?

Dann gehen Sie zu einem Arzt, am besten zum Facharzt. Er kann feststellen, wie groß das gesundheitliche Risiko für Sie wirklich ist. Grundsätzlich darf man sagen: Die medizinischen Möglichkeiten sind heute derartig verbessert, daß so gut wie nie eine lebensbedrohliche Situation durch eine Schwangerschaft eintritt. Nur sehr selten entsteht eine wesentliche Verschlimmerung irgendeines Grundleidens. Das gilt sowohl für den körperlichen wie für den geistig-seelischen Bereich.

»Wiegt das gesundheitliche Risiko wirklich so schwer, daß ihm das Leben meines Kindes geopfert werden muß? Gebe ich nicht zu schnell auf? Kann ich nicht ein wenig von der Kraft jener Mütter aufbringen, die sogar bereit waren, ihr Leben für ihr Kind zu riskieren? Rechne ich mit den Schäden, die die Abtreibung ihrerseits mit sich bringen kann?« – Vielleicht sind das auch Fragen für Sie.

Weil zur Begründung von Abtreibungen in der weit überwiegenden Zahl der Fälle seelische Belastungen angeführt werden, möchten wir hierauf noch etwas näher eingehen.

Treten bei einer Schwangerschaft seelische *Krankheiten* auf, dann waren sie fast immer schon vorher da und müssen fachgerecht behandelt werden. Durch eine Abtreibung werden sie nicht »geheilt«, sondern infolge der hinzukommenden, weiteren Belastungen meistens sogar verschlimmert.

Manchmal wird angenommen, daß eine Schwangerschaft seelische Krankheiten hervorrufen kann. Das ist nicht der Fall. Was entstehen kann, sind *emotionale Veränderungen* wie Spannung, Furcht, depressive Verstimmtheit, Unwohlsein, auch Übelkeit und Erbrechen in den ersten Wochen, aber keine Krankheiten. Solche Erscheinungen hängen vor allem mit der Umstellung auf die neue Lebenssituation als Mutter zusammen. Sie hören normalerweise bald wieder auf. Jede Frau sollte das wissen, damit sie nicht aus einem Gefühl des Unwohlseins heraus vorschnell eine Abtreibung beantragt. (Gerade diese überstürzte Reaktion tritt jedoch häufig ein.)

Wir haben versucht, Ihnen einige erste Hilfen und Informationen zu geben. Zum Schluß möchten wir noch einmal auf das zurückkommen, was wir ganz zu Anfang des Buches schon ansprachen: Daß Sie es in Ihrer Situation, ja in Ihrem ganzen Leben, nie nur mit Menschen zu tun haben, sondern auch mit Gott, wie er sich uns in der Bibel und in Jesus Christus zeigt. Ohne Gott muß man in der Tat verzweifeln. Mit Gott aber hat Ihr Leben Sinn – und auch das Leben Ihres werdenden Kindes. Das ist der Grundinhalt der folgenden Meditation, die Ihnen Gedanken einer schwangeren Frau darstellt – Gedanken zum Nach-Denken – Gedanken, die Ihnen vielleicht helfen.

Was ist mir das Leben wert?

Leben!
Was ist Leben?
Lohnt es sich, zu leben?
Was ist der Sinn des Lebens?

Diese Fragen beschäftigen mich.

Denke ich an Abtreibung, weil ich die Antwort nicht
weiß?
Welchen Sinn hat *mein* Leben?
Welchen Sinn hat das Leben meines *Kindes*?

Zwei Antworten werden mir angeboten.

Die eine sagt:
Der Mensch ist bloßes Zufallsprodukt der Natur.
Er kommt aus dem Nichts und geht ins Nichts.
Er entsteht aus Atomen und vergeht zu Atomen.

»Zufall«, »Nichts« und »Atome«
sind nur verschiedene Namen für »Hoffnungslosigkeit«.

Die andere sagt:
Der Mensch ist einzigartiges Geschöpf Gottes.
Er kommt von Gott und geht zu Gott.
Er ist als Gottes Ebenbild geschaffen.

Sein ganzes Leben
ist von Glaube, Hoffnung und Liebe geprägt.

Für welche Antwort werde ich mich entscheiden?

Entscheide ich mich für die erste Antwort,
dann lebe ich nur für den Augenblick,
dann hat meine Herkunft und Zukunft keine Bedeutung,
dann sind mir die anderen egal,
weil ihre Herkunft und Zukunft ebenfalls ohne Bedeutung ist,
dann beurteile ich die anderen nur nach dem Nutzen, den sie mir hier und jetzt bringen,
dann beurteilen die anderen mich nur nach dem Nutzen, den ich ihnen hier und jetzt bringe,
dann sind sie und ich nur Rädchen im Getriebe,
aber nicht Menschen.

Warum soll das Leben meines Kindes einen Sinn haben,
wenn nicht einmal mein eigenes Leben einen Sinn hat?

Entscheide ich mich für die zweite Antwort,
dann entdecke ich, daß ich einen Ursprung und ein Ziel habe,
dann entdecke ich, daß ich von Gott geliebt werde,
dann entdecke ich, daß ich diese Liebe weitergeben darf,
dann bedeuten mir die anderen unendlich viel,
weil Gott sie genauso liebt wie mich,
dann entdecke ich, daß ich gebraucht werde zur Mitarbeit am Reich Gottes,
dann wird mein Gesicht erhellt von Freude,
und ich bin Mensch.

Warum soll das Leben meines Kindes keinen Sinn haben,
wenn mein Leben so viel Sinn hat?

Wenn ich Gott kenne, lerne ich das Leben schätzen –
mein eigenes
und das der anderen –
auch das Leben meines Kindes.
Ich erkenne, daß es nicht heißt:
»Du mußt leben«,
sondern:
»Du darfst leben.«
Leben ist nicht Zwang,
sondern Geschenk Gottes,
nicht Krampf,
sondern Beauftragung zur Freiheit.

Wenn ich um diese Freiheit weiß,
werde ich sie auch dem anderen lassen.
Wenn ich weiß, daß mein Leben Geschenk ist,
werde ich das Leben des anderen nicht antasten,
das ebenfalls Geschenk ist.
Sein Leben steht nicht in meiner Verfügungsgewalt,
sondern in der gnädigen Hand Gottes.

So viel ist Gott das Leben jedes einzelnen Menschen
wert,
daß er seinen eigenen Sohn in den Tod gab,
damit alle,
die an ihn glauben,
nicht verlorengehen,
sondern das ewige Leben haben.

Egal ob der Mensch
groß oder klein,

stark oder schwach,
gesund oder krank,
»normal« oder behindert,
geboren oder ungeboren,
Mutter, Vater oder Kind ist –
Jesus ist auch für ihn gestorben
und auferstanden,
damit der Mensch lebe.

Adressen der Mutter-und-Kind-Häuser

... in der Bundesrepublik Deutschland, nach Postleitzahlen geordnet. In anderen Ländern können Sie bei »Caritas«, »Diakonischem Werk« oder Ihrem Pfarramt nachfragen. An die Mutter-und-Kind-Häuser können Sie sich direkt wenden. Der Buchstabe »e« in Klammern bedeutet evangelische, der Buchstabe »k« bedeutet katholische Trägerschaft. Die Aufnahme erfolgt aber auch unabhängig von der Religionszugehörigkeit. Weitere Informationen im Abschnitt »Die Hilfen«.

1. Diakonie-Zentrum Heiligensee (e)
   Keilerstr. 19
   1000 Berlin 27
   Tel. (030) 4306–1

2. Evang. Mädchenheim mit Mutter-Kind-Abteilung (e)
   Goethestr. 4–6
   1000 Berlin 45
   Tel. (030) 7726037, 7726046, 7724052

3. Heim für Mutter und Kind (e)
   Winklerstr. 23
   1000 Berlin 33
   Tel. (030) 8859068

4. Theodor-Wenzel-Haus (e)
   Hummelsbütteler Weg 82
   2000 Hamburg 63
   Tel. (040) 5384243

5. St.-Antonius-Heim (k)
   Rüsterstr. 30
   2300 Kiel 14 (Elmschenhagen)
   Tel. (0431) 785698

6. Maria-Christian-Heime e.V. (e)
   Landheim Waldhof
   Rönner Weg 75
   2300 Kiel 14
   Tel. (0431) 783008, 783608, 784979

7. St.-Theresien-Haus (k)
   Weserstr. 80
   2820 Bremen 70 (Vegesack)
   Tel. (0421) 662418

8. Marienhort (k)
   Bodenburgallee 40
   2900 Oldenburg
   Tel. (0441) 503531

9. Mütter- und Säuglingsheim (e)
   Berckhusenstr. 22
   3000 Hannover 61
   Tel. (0511) 550736

10. Parkhaus Querum (k)
    Kehrbeeke, 1B
    3300 Braunschweig
    Tel. (0531) 351118

11. Mädchenheim Schloß Wollershausen (k)
    Mühlenstr. 1
    3429 Wollershausen
    Tel. (05528) 1092

12. Gertrudisheim (k)
    In der Badestube 39
    3550 Marburg/Lahn
    Tel. (06421) 42258

13. Gertrudisheim (k)
    Ulmenstr. 83
    4000 Düsseldorf 30
    Tel. (0211) 480041

14. Dorotheenheim (e)
    Horster Allee 5
    4010 Hilden
    Tel. (02103) 5905

15. Haus am Deich (k)
    Dunantstr. 36
    4040 Neuss
    Tel. (02101) 15225

16. Irmgardishaus (k)
    Heinrich-Bertmans-Str. 4–6
    4100 Duisburg 1
    Tel. (0203) 352243

17. Mutter-und-Kind-Heim St. Josef (k)
    Am Birkenfeld 14
    4230 Wesel
    Tel. (0281) 5490 u. 5499

18. Kinderheimat St. Marien (k)
    Unterbergstr. 11a
    4250 Bottrop
    Tel. (02041) 68081

19. Gerburgisheim (k)
    Bönnighausenweg 3–5
    4290 Bocholt
    Tel. (02871) 4731

20. Baumbergerhof (k)
    Baumberg 20
    4405 Nottuln
    Tel. (02502) 255

21. Carl-Sonnenschein-Haus (k)
    Knappsbrink 58
    4500 Osnabrück
    Tel. (0541) 83088

22. St.-Vinzenz-Ausbildungsstätte (k)
    Oesterholzstr. 85–91
    4600 Dortmund 1
    Tel. (0231) 818517

23. Hoffnung für das Leben e.V.
    Im Rahwinkel 12
    4618 Kamen

24. Gertrudisheim (k)
    Ückendorfer Str. 117
    4650 Gelsenkirchen
    Tel. (0209) 21823

25. Heim für Mutter und Kind (e)
    Haarhofgasse 11
    4770 Soest
    Tel. (02921) 3896

26. Haus Widey (k)
    Widey 11
    4796 Salzkotten-Scharmede/Kr. Paderborn
    Tel. (05258) 6238 u. 7238

27. Haus Adelheid (k)
    Escherstr. 158
    5000 Köln 60
    Tel. (0221) 173407

28. Annastift-Wohnheim GmbH (k)
    Krahnenstr. 32–34
    5500 Trier
    Tel. (0651) 42480

29. Haus St. Anton (k)
    5561 Plein
    Tel. (06571) 8514

30. Johannesstift (k)
    Platterstr. 72–80
    6200 Wiesbaden
    Tel. (06121) 520087–89

31. Wohngemeinschaft für alleinstehende Mütter
    und Frauen in Konfliktsituationen
    Kapellenstr. 82
    6200 Wiesbaden

32. Elisabeth-Zillken-Haus (k)
    Dudweiler Landstr. 109–111
    6600 Saarbrücken
    Tel. (0681) 37025 u. 37026

33. St.-Anna-Stift (k)
    Karolina-Burger-Str. 51–53
    6700 Ludwigshafen
    Tel. (0621) 5702220

34. Heckertstift (k)
Rathenaustr. 7
6800 Mannheim 1
Tel. (0621) 411068

35. Paulusheim (k)
Stiftweg 1
6900 Heidelberg 1
Tel. (06221) 46336

36. Mutter-und-Kind-Heim (e)
Weraheim Stuttgart
Oberer Hoppenlauweg 2–4
7000 Stuttgart 1
Tel. (0711) 294910

37. Paulusstift (k)
Ottostr. 1
7000 Stuttgart 1
Tel. (0711) 283007

38. St.-Antonius-Heim (k)
Rheinstr. 107–113
7500 Karlsruhe 21
Tel. (0721) 551081

39. Evang. Mädchenheim Hardtstiftung (e)
Neureuther Hauptstr. 2
7500 Karlsruhe 31
Tel. (0721) 705334

40. Haus Nazareth (k)
Säntisstr. 4
7750 Konstanz
Tel. (07531) 61361

41. Augustinusheim (k)
Wintererstr. 10
7800 Freiburg
Tel. (0761) 36584

42. Haus Anna (k)
Dachstr. 33
8000 München 60
Tel. (089) 836286

43. Haus Bonita e.V. (k)
Scapinellistr. 22
8000 München 60
Tel. (089) 884478

44. Heimstätte St. Gabriel (k)
Wolfratshauser Str. 350
8000 München 71 (Solln)
Tel. (089) 7932061

45. Appartementhaus für Mutter und Kind (k)
Geislhöringer Str.
8440 Straubing
Tel. (09421) 2004

46. Haus für Mutter und Kind (e)
Halskestr. 11
8500 Nürnberg
Tel. (0911) 449191

47. Haus für Mutter und Kind (e)
Frühlingsstr. 18
8510 Fürth
Tel. (0911) 796329

48. Agnes-Neuhaus-Heim (k)
Ottostr. 7
8600 Bamberg
Tel. (0951) 21139

49. Appartementhaus für Mutter und Kind (k)
Schwedenweg 3 u. 5
8900 Augsburg
Tel. (0821) 151020

Buchempfehlungen

Für Leserinnen und Leser, die vielleicht Genaueres über das Thema »Abtreibung« erfahren wollen, geben wir hier eine Auswahl von nützlichen Büchern:

Erich Blechschmidt: Wie beginnt das menschliche Leben, Christiana-Verlag, Stein am Rhein, viele Auflagen (*das* Buch über die Entstehung des Menschen).

Martha Ehler: Mein Kind will leben, Brockhaus-Verlag, Wuppertal 1981 (authentische Berichte von Schwangerschaftskonflikten, leichtverständlich in Erzählform dargestellt).

Lothar Gassmann/Ute Griesemann: Abtreiben? Fragen und Entscheidungshilfen, Christiana-Verlag, Stein am Rhein 1985 (die ausführliche und wissenschaftliche Hintergrundinformation zum vorliegenden Buch).

Martin Jost: Plädoyer für die Ungeborenen, factum-/Schwengeler-Verlag, Berneck 1984 (Fakten, Hintergründe und Alternativen zur Abtreibung).

Werner Neuer: Mann und Frau in christlicher Sicht, Brunnen-Verlag, Gießen, 3. Aufl. 1985 (Wichtiges über Sexualität, Ehe, Mann- und Frausein).

Francis Schaeffer/Charles Koop: Bitte, laß mich leben! Für Menschlichkeit in unmenschlicher Gesellschaft, Hänssler-Verlag, Neuhausen-Stuttgart 1981 (eine leidenschaftliche Stellungnahme für das Leben und gegen Abtreibung, Kindesmord und Euthanasie).

Ingrid Trobisch: Mit Freuden Frau sein – und was der Mann dazu tun kann, Brockhaus-Verlag, Wuppertal, viele Auflagen (Beschreibung von Liebe, natürlicher Empfängnisregelung, Geburt und Stillen).

Jack und Barbara Willke: Abtreibung – die fragwürdige Entscheidung, Verlag Eugen Russ, Bregenz, 2. Aufl. 1982 (*das* Standardwerk über Abtreibung; sämtliche Fakten und Zahlen; amerik. Originaltitel: Handbook on Abortion).

Informationsschriften (meist kostenlos), Diaserien, Filme usw. zum Thema »Abtreibung« bieten folgende Organisationen an, bei denen man auch Mitglied werden kann (hier nur bundesdeutsche):

– Aktion Lebensrecht für Alle Augsburg e.V., Prof. Dr. Hedwig Seelentag, Rosenaustr. 36, 8900 Augsburg.

– Aktion Leben e.V., Hohbergstr. 38, 6941 Abtsteinach/Odw.

– Europäische Ärzteaktion e.V., Dr. Siegfried Ernst, Postfach 1123, 7900 Ulm/Donau.

– Pro Vita – Freikirchliche Initiative für das Leben, Hermann-Löns-Park 6, 3000 Hannover 71

– Weißes Kreuz e.V., Postfach 3140, 3502 Vellmar-Kassel.

Zum Thema »Was bedeutet mir Gott? Wie bekommt mein Leben Sinn?« sind u. a. folgende Bücher hilfreich:

Hans-Hermann Böhm (Hg.) Hoffen können. Denkanstöße zum Christsein, Hänssler-Verlag, Neuhausen-Stuttgart 1984.

Michael Green, . . . schon über Jesus nachgedacht?, Hänssler-Verlag, Neuhausen-Stuttgart 1980.

Peter Hahne, Was ist mein Leben wert? Hänssler-Verlag, Neuhausen-Stuttgart, 3. Aufl. 1984.

Anmerkungen

1 Eine ausführliche Darstellung und Begründung der hier wiederge-
  gebenen Ergebnisse aus wissenschaftlicher und aus biblischer Sicht
  findet sich in unserem Buch »Abtreiben? Fragen und Entscheidungshilfen« (Christiana-Verlag, Stein am Rhein 1985) (siehe unter
  »Buchempfehlungen«).
2 Aus: M. Ehler, Mein Kind will leben, Wuppertal 1981, S. 56/59.
3 Siehe: J. u. B. Willke, Abtreibung – die fragwürdige Entscheidung,
  Bregenz, 2. Aufl. 1982, S. 116 ff.
4 Vgl. Willke, a.a.O.; Deutsches Ärzteblatt Nr. 7/1982; Th. W.
  Hilgers/D. J. Horan (Hg.), Abortion and Social Justice, Thaxton
  1980, S. 57 ff. u. a.
5 Leicht gekürzt zitiert aus: D. Mall/W. F. Watts (Hg.), Psychological
  Aspects of Abortion, Washington 1979, S. 131–135; Übersetzung:
  L. G.
6 Die Beispiele 1 und 2 stammen aus: Konsequenzen, hg. vom
  Diakonischen Werk der evang. Kirche in Württemberg, Sonder-
  druck 1980, S. 20. Beispiel 3 wurde uns vom »Haus des Lebens« in
  Straubing mitgeteilt.
7 Hilgers/Horan, a.a.O., S. 186.
8 Willke, a.a.O., S. 149.
9 Aus: F. Schaeffer/Ch. Koop, Bitte, laß mich leben!, Neuhausen-
  Stuttgart 1981, S. 69/72.
10 Willke, a.a.O., S. 64.
11 Aus: Willke, a.a.O., S. 65.

Wer erteilt Lebens- rechte?

Abtreibung und Gewissen

Ronald Reagan, Dr. C. E. Koop,
M. Muggeridge
Recht zum Leben
Pb., 72 S., Nr. 57308, DM 7,80
Abtreibung und Gewissen

Zum Inhalt:

Ronald Reagan beleuchtet in diesem Buch das Problem vom politisch-gesellschaftlichen Standpunkt aus.
Dr. C. E. Koop geht auf die medizinischen Aspekte ein.
Stilistisch und argumentativ originell verteidigt der Jour-
nalist M. Muggeridge den christlichen Wert der »Heiligkeit des Lebens« gegenüber dem materialistischen Kon-
zept der »Lebensqualität«.

**Leseprobe aus dem Beitrag von Malcolm Muggeridge
»Der ›menschliche‹ Holocaust«**

Heiligkeit des Lebens – das ist natürlich ein religiöses,
ein transzendentes Prinzip; nur so kann es überhaupt
einen Sinn haben. Wenn es keinen Gott gibt, dann kann
das Leben auch nicht heilig sein. Und umgekehrt ist
Lebensqualität ein irdisches, weltliches Prinzip, das nur

in Form von Paragraphen und materialistischen Begriffen ausgedrückt werden kann; die Seele spielt hierbei keine Rolle.

Wenn z. B. ein Kind in ärmlichen Verhältnissen gezeugt worden ist oder gegen den Willen seiner Mutter oder man mit schweren erblichen Belastungen oder sonstigen Risiken rechnen muß, dann kann man behaupten, daß es keine Aussichten auf eine hinreichende Lebensqualität habe und daher am besten gar nicht geboren werden sollte. Und am anderen Ende des Lebensweges heißt es dann, daß man einem Greis, der nicht mehr fähig ist, die ästhetischen, fleischlichen und egoistischen Freuden dieser Welt zu genießen – der also auf Grund seiner Jahre keine genügende Lebensqualität mehr erreicht –, doch am besten einen würdigen Tod ermöglichen: will sagen: ihn dezent ermorden sollte.

Nach dieser Logik hätte z. B. Beethoven nie zur Welt kommen dürfen. Seine Erbmasse und Familienvorgeschichte waren grauenhaft: Syphilis, Taubheit, Wahnsinn. Heute würde man seiner Mutter dringend anraten, diese unverantwortliche Schwangerschaft abzubrechen. Dr. Samuel Johnson litt schon als Säugling an Skrofulose und zeigte Anzeichen der Nervenstörungen, die ihn sein ganzes Leben lang plagen sollten. Auch ihn hätte man heutzutage wohl kaum am Leben gelassen. Überhaupt würden heute eine ganze Reihe der Männer und Frauen, die am meisten zum Wohl der Menschheit und zur Heiligkeit des Lebens beigetragen haben, die Aufnahmeprüfung in Sachen Lebensqualität nicht bestehen. Das größte Beispiel bietet hier kein Geringerer als Jesus Christus. Vermessene Spekulation? Aber man stelle sich das doch einmal vor: ein junges Mädchen, unverheiratet und schwanger, das steif und fest behauptet, der Heilige Geist sei für die Schwangerschaft verantwortlich und das Kind sei der sehnlich erwartete Messias; so habe ihr das jedenfalls der Engel gesagt. Hat dieses Kind Aussichten auf eine hohe Lebensqualität? Wohl kaum, und unsere Familienplanungsexperten kämen rasch zu dem Schluß, daß man diesen Fötus (der der Heiland der Menschen werden soll) auf den Abfallhaufen werfen sollte.

Dies sind gedachte Fälle; aber in unserer jüngeren Vergangenheit finden wir für alle, die Augen zum Sehen haben, ein tatsächlich geschehenes Musterbeispiel dafür, wohin die rücksichtslose Verfolgung des Prinzips der Lebensqualität auf Kosten der Heiligkeit des Lebens führen kann. Dieses Musterbeispiel ist der große Holocaust der Nazis, an den kürzlich Fernsehzuschauer der ganzen westlichen Welt durch den gleichnamigen Film so brutal erinnert wurden. In diesem Film kam jedoch ein ganz wesentlicher Punkt nicht zur Sprache: nämlich, daß die Wurzeln dieses Holocaust nicht nur in der Unmenschlichkeit und im Antisemitismus der Nazis lagen, sondern bis in die Weimarer Republik zurückgehen; denn schon damals wurde die Euthanasie in Deutschland salonfähig. Und wie die makabre Ironie, die in der Geschichte der Menschheit immer wieder durchbricht, es so will, lief gerade zu der Zeit, als dieser reumütige Film über den Holocaust der Nazis über die amerikanischen und dann die deutschen und andere westeuropäische Bildschirme ging, ein neuer Holocaust an – der »menschliche« Holocaust; er lief in eben den Ländern an, die Hitlers Drittes Reich besiegt hatten, und er beruht auf den gleichen Grundprinzipien und Praktiken, die den Nazi-Holocaust ermöglichten.

Ich wüßte niemanden, der den Kern der Sache klarer und mit größerer Autorität ausgedrückt hätte, als Dr.

Leo Alexander, der bei den Nürnberger Prozessen für den amerikanischen Anklagevertreter arbeitete:

> Welche Ausmaße diese Verbrechen auch im Laufe der Zeit angenommen hatten – ihre Anfänge waren (das wurde allen an ihrer Untersuchung Beteiligten klar) ziemlich unscheinbar gewesen. Am Anfang stand eine schleichende Verschiebung im Wertesystem der Ärzte: Die Aufnahme der für die Euthanasiebewegung grundlegenden Auffassung zielte anfangs lediglich auf unheilbar Schwerkranke ab. Nach und nach wurde dann der Kreis weiter: Die gesellschaftlich Unproduktiven kamen hinzu, die ideologisch Unerwünschten, die rassisch Unerwünschten und schließlich alle Nichtdeutschen. *Aber es ist wichtig zu sehen, daß der winzige Anfangshebel, der dieses ganze Denken mit all seinen Konsequenzen in Bewegung setzte, die neue Einstellung zu den unheilbar Kranken war.* [Hervorhebung von mir. M. M.]

Wenn dermaleinst ein neuer Gibbon die Geschichte unseres Zeitalters kommentiert, wird er bissig feststellen, daß nur drei Jahrzehnte notwendig waren, um ein Kriegsverbrechen in einen Akt der Mitmenschlichkeit umzuwandeln und die Sieger des Krieges gegen den Nationalsozialismus in den Stand zu setzen, eben die Praktiken, die sie in Nürnberg so feierlich verurteilt hatten, selbst zu übernehmen und ihren eigenen, »menschlichen« Holocaust zu starten. Vielleicht wird dieser Holocaust sogar an Größe und an Zahl der Opfer den der Nazis bald weit übertreffen. Man braucht sich auch nicht zu wundern, daß heute der Holocaust der Nazis in den Medien mit so reichlicher Aufmerksamkeit bedacht wird, während der »menschliche« Holocaust weitgehend unbeachtet seinen Gang geht.

Die Wurzeln des deutschen Holocaust reichen in die frühen zwanziger Jahre zurück, in jene dekadente Zeit, die von Schriftstellern wie Christopher Isherwood so verherrlicht worden ist, die aber in Wirklichkeit – so wie ich sie aus erster Hand kennengelernt habe – voll dunkler Zukunftswolken war. All jene furchtbaren und ekelhaften Strömungen, die wir heute, in den letzten Jahrzehnten des 20. Jahrhunderts, antreffen – Pornographie, Sadismus, Gewalt, sittliche und geistliche Leere –, waren damals schon da.

In dieser perversen Atmosphäre also erschien 1920 ein Buch mit dem Titel *Die Freigabe der Vernichtung lebensunwerten Lebens*. Die Autoren waren der Jurist Karl Binding und der angesehene Psychiatrieprofessor Alfred Hoche. Sie traten für die Tötung »leerer Menschenhülsen« und von »Ballastexistenzen« ein und führten aus, daß das dadurch eingesparte Geld woanders nützlicher eingesetzt werden könne – z. B. als Starthilfe für Jungverheiratete. Frederick Wertham schreibt in seinem gelehrten und aufwühlenden Buch *A Sign for Cain,* daß das Buch von Hoche und Binding das Denken einer ganzen Generation prägte oder doch zumindest stark beeinflußte.